EUGÈNE SUE

Paris. — Typ. de Balitet rue Cit-le-Cœur, 7.

EUGÈNE SUE

Imp. Hadinque r. du Four S! G. 63. Paris.

LES CONTEMPORAINS

EUGÈNE SUE

PAR

EUGÈNE DE MIRECOURT

PARIS

GUSTAVE HAVARD, ÉDITEUR

19, BOULEVARD DE SÉBASTOPOL

rive gauche

L'Auteur et l'Éditeur se réservent tous droits de reproduction.

1859

EUGÈNE SUE

Un des faits les plus déplorables de notre époque est l'alliance du socialisme avec le roman.

Grâce à la complicité de la librairie, toujours prête à servir au public une cuisine dont il est friand, mais qui l'empoisonne, il n'est pas un hameau, pas une chaumière, à l'heure présente, où le grand banquet socialiste n'ait ses convives. Le pays est infesté de livres dangereux, dus à un écrivain qui bat monnaie avec le mensonge, et qui déchaîne les passions avides, uniquement pour gagner de l'or, sans avoir le moindre souci des maux qu'il cause.

Hélas ! diront quelques bonnes âmes, n'accablez pas cet homme, il est exilé.

L'exclamation nous paraît grave ; mais elle était prévue.

Nous ne commençons ce petit livre qu'après de mûres réflexions. En sondant bien notre conscience, voici ce que nous avons à répondre.

Aux yeux de la sagesse, aux yeux de la justice, aux yeux de l'avenir, dès qu'il s'agit de l'intérêt social et de la défense des principes, toute considération personnelle, tout sentiment de pitié pour l'individu doivent disparaître.

Et, du reste, afin de rassurer le lecteur compatissant, nous lui annonçons que M. Eugène Sue mène une vie très-douce hors de la frontière.

De la grande place de la ville d'Annecy, en Savoie, les habitants vous montreront, pour peu qu'il vous plaise de faire le voyage, une propriété fort coquette, assise, à une demi-lieue de là, sur l'escarpement d'une colline.

Cette villa charmante appartient à M. Ruffi, architecte piémontais.

Eugène Sue est son locataire.

Dès son réveil [1], il descend, reçoit de

---

[1] Là-bas, comme à Paris, il n'est plus réveillé par de gentilles femmes de chambre, coiffées à la grecque et vêtues de gaze. Ses amis, les démocrates purs, lui

son domestique un long bambou, fait
une promenade sous les sapins de la
montagne ou sur les bords verdoyants
du lac, et rentre ensuite pour déjeu-
ner.

Le vent frais qui souffle des Alpes a
stimulé fort agréablement ses parois di-
gestives. Il mange avec appétit. Sa gouvernante, Hébé mignonne, remplit la
coupe, et, le repas fini, ce bienheu-
reux socialiste entre dans son cabinet de
travail, où l'attendent de nombreuses
commandes de libraires.

Sur un plateau d'or ciselé, le domestique au bambou lui présente respec-
tueusement la paire de gants-paille, sans

ont conseillé de réformer son train de maison. Il n'a,
pour le servir, qu'une jolie gouvernante et un domestique mâle.

laquelle, on ne l'ignore pas, notre célèbre auteur ne peut jamais écrire. A chacun de ses chapitres, cette paire de gants se renouvelle, fraîche et parfumée.

Peuple aux mains noires et rugueuses, est-ce toi qui recommandes à tes plumes favorites cette délicatesse de précautions, ces coquets préliminaires aux œuvres que tu dévores?

En revanche, et par économie sans doute, M. Eugène Sue ne met jamais de gants à son style.

Il écrit cinq ou six heures, sans raturer, sans se relire, expédie ses manuscrits aux éditeurs parisiens, et gagne, du fond même de son exil, soixante ou quatre-vingt mille francs, année courante.

EUGÈNE SUE.

Pauvre homme ! il gagnait jadis bien davantage, au bon temps de Véron et du *Constitutionnel*. En cela peut-être il est à plaindre ; mais qu'y faire ?

Après le travail, la toilette (une toilette de prince) ; puis un dîner somptueux attend le noble auteur, qui vient d'écrire sur les misères du pauvre des pages si éloquentes. Il mange de tous les plats avec la satisfaction que donne un devoir accompli ; quitte la table, trouve à la porte du château un cheval tout sellé, magnifique arabe, vrai Dieu ! aux naseaux impatients, aux jambes fines et nerveuses, qui emporte son maître au galop sous les avenues du parc, et le ramène, au bout de quelques heures, avec une digestion parfaitement accomplie [1]

Rentré dans ses salons, Eugène Sue trouve sa gouvernante, qui lui offre l'opium dans une pipe turque, garnie d'ambre et d'une richesse extrême. Il s'étend sur des coussins soyeux, fume et s'endort.

Ne le réveillons pas.

A présent que le lecteur est bien certain que la vie de notre héros ne s'écoule point dans le désespoir et les larmes, nous sommes plus à l'aise

---

[1] Deux fois la semaine il dîne chez M. Massé, son voisin de campagne et son ami. M. Massé est un ancien éditeur de musique, associé de Troupenas. Il a pris en main la direction des affaires d'Eugène Sue, et l'a débarrassé d'un traité fort onéreux avec Gosselin.

pour entamer cette notice biographique.

Marie-Joseph Sue est né à Paris en 1801, le 1er janvier.

De magnifiques étrennes pour la littérature et pour la France étaient au fond de son berceau. Nous n'avons pu, sans doute, en apprécier le charme que vingt-cinq ou trente années plus tard; mais cela ne doit en rien diminuer notre gratitude.

Le romancier socialiste ayant jugé à propos de renier ses deux noms de baptême au frontispice de ses œuvres, et d'en choisir un seul, plus euphonique et plus doux, il serait ridicule de lui chercher à ce sujet la moindre querelle, et nous lui conserverons, dans son histoire, le prénom d'*Eugène*.

Sa famille est originaire de Provence.

Pierre Sue, son bisaïeul, professeur de médecine légale et bibliothécaire de la Faculté de Paris, laissa quelques ouvrages estimés. Il mourut sans fortune.

Son grand-père, moins savant, mais plus heureux, amassa des rentes folles, et nagea dans l'opulence. Outre les fonctions de professeur à l'École de Médecine, il cumula celles de chirurgien à l'hospice de la Charité, de professeur à l'École des Beaux-Arts et de chirurgien de la maison de Louis XVI.

Jean-Joseph Sue, père d'Eugène, hérita de la chaire d'anatomie, fut nommé par Napoléon chirurgien de la garde impériale, et sut gagner, plus tard, les bonnes grâces de Louis XVIII, qui l'at-

tacha, vers 1817, à sa maison militaire.

Marié trois fois, Jean-Joseph eut un
fruit différent de chacun de ses hymens.

Le premier lui donna une fille [1], et
presque aussitôt il crut devoir user de la
loi du divorce pour contracter d'autres
nœuds.

Dans le caractère de l'épouse délais-
sée, M. Legouvé, auteur du *Mérite des
Femmes*, trouva sans doute quelque
chose du sujet de son livre, car il la prit
immédiatement pour compagne, et en
eut ce fils, qui lui succède aujourd'hui
dans la carrière des lettres.

Ernest Legouvé, l'académicien de

[1] Cette première sœur d'Eugène Sue est mariée à
M. Caillard, directeur des messageries.

fraîche date, est le frère utérin de la sœur aînée d'Eugène Sue [1].

La seconde épouse de Jean-Joseph lui donna notre romancier; puis elle mourut, au bout de deux ans de mariage, le laissant convoler à de troisièmes noces, qui le rendirent père d'une autre fille.

A présent la généalogie est en règle, et toutes nos origines sont constatées.

Le père d'Eugène, dans le cours de sa carrière médicale, eut plus de bonheur que de véritable mérite. Chez cette famille, le bien-être et la fortune suivaient une progression croissante; mais la science, il faut le dire, adoptait une marche diamétralement opposée.

Cela n'empêcha point Jean-Joseph

[1] Les deux auteurs sont fort grands amis.

d'être le médecin de Masséna, de plusieurs maréchaux de l'empire, et de madame de Beauharnais, qui lui conserva sa confiance, lorsqu'elle devint madame Bonaparte, et ne songea pas même à choisir un autre Esculape, le jour où elle s'assit, aux côtés de Napoléon, sur le trône impérial.

— J'ai de la chance, corbleu! se disait *in petto* le docteur Sue.

L'impératrice Joséphine et le prince Eugène de Beauharnais, son fils, daignèrent tenir sur les fonts de baptême le futur auteur de *Plik et Plok* et de *Latréaumont*.

C'est le motif qui aura, plus tard, décidé notre héros à s'administrer le prénom de son parrain.

Très-riche et comblé de faveurs, Jean-Joseph n'avait plus rien à désirer, si ce n'est le titre de baron. Déjà l'Empereur l'avait accordé par lettres patentes à Boyer, Portal et Corvisart; mais Joséphine sollicita vainement le même brevet pour son médecin.

— Je ne fais barons que les princes de la science, dit César, qui s'humanisait parfois jusqu'au jeu de mots [1].

[1] Voulant donner à Napoléon une plus haute idée de son savoir, le docteur s'avisa de soutenir, vers cette époque, une thèse étrange, et qui lui valut, par sa bizarrerie même, une sorte de popularité. Il prétendit que les patients de la guillotine, après la séparation de la tête du corps, éprouvaient d'atroces souffrances. Cabanis et d'autres médecins habiles eurent beau démontrer l'impossibilité du fait, l'opinion accréditée par le père d'Eugène l'emporta sur leur logique, sinon chez les hommes de science, du moins chez les hommes sensibles.

Eugène Sue, comme Romulus, ne suça point la mamelle d'une louve. Une chèvre fut sa nourrice, et l'on connait l'effet certain de ce genre d'allaitement. L'héritier du docteur, une fois au collége, n'eut de goût que pour la dissipation et le jeu.

Son plus cher camarade de classe était Adolphe Adam.

Les deux amis cultivaient ensemble la paresse et se livraient à une infinité de tours pendables. Au lieu de préparer leurs devoirs, ils élevaient des cochons d'Inde et lâchaient ces animaux rongeurs dans le jardin botanique du père Sue, où ils exerçaient d'affreux dégâts.

Or, les familles de nos espiègles, voulant les forcer au travail, s'entendirent pour le choix d'un répétiteur fort instruit, mais très-pauvre, et qui, se voyant installé, trembla de perdre une place lucrative.

Eugène et Adolphe, toutes les fois que ce malheureux garçon leur parlait d'étude, s'écriaient d'un commun accord :

— Foin des versions! au diable les thèmes! si vous portez plainte, nous saurons vous faire remercier.

Le répétiteur eut la faiblesse de céder à l'intimidation. Quand M. Sue lui demandait s'il était content de son fils, il répondait, en étouffant le cri du remords :

— Oui, Monsieur, il travaille beaucoup son latin.

— Ah! ah! s'écriait l'Esculape de Joséphine. Voyons, où en est-il du *Concessiones* [1] ? peut-il m'en réciter quelques passages ?

— Certainement, répondait Eugène avec la plus condamnable assurance.

Adolphe et lui échangeaient alors un coup d'œil, et les deux polissons débitaient à l'envi l'un de l'autre au trop confiant docteur toutes les atrocités latines qui leur passaient par la cervelle.

M. Sue était dans le ravissement. Chaque fois il accordait une gratification du répétiteur.

Eugène, tout en ayant une figure très-commune, rayonnait de l'éclat le plus merveilleux de la santé. Sa taille était

---

[1] Le bon docteur voulait dire *Conciones*.

élégante et bien prise. On l'appelait au collége le *beau Sue* (le bossu), car le calembour, cette plaie de l'esprit moderne, avait déjà cours sur la place. On prétendait que le *beau Sue* se changeait en *Sue-le-fat* (sulfate) quand il entrait dans le laboratoire paternel.

Nous avions oublié de dire que le docteur possédait un magnifique laboratoire.

Tous les lundis et tous les vendredis, il enseignait, dans son salon même, la botanique à une société féminine très-choisie.

Grâce à ses aïeux, à une assez forte clientèle, à son ancien titre de médecin de l'Impératrice, à sa théorie sur les guillotinés et à beaucoup d'aplomb,

M. Sue passait pour un savant de premier ordre.

Ces dames payaient fort cher le droit d'être admises aux séances; à l'exception toutefois de plusieurs d'entre elles qui, en raison d'une intimité quelconque, y assistaient gratis.

Outre Adolphe Adam, Eugène avait alors pour ami Ferdinand Langlé, autre espiègle de leur trempe. Les trois démons s'étaient chargés de la préparation du cours.

Bien que fort ignorants eux-mêmes, ils se doutaient du manque absolu de science chez le docteur. Presque chaque fois, ils s'entendaient pour le rendre victime d'une mystification pleine de scélératesse. Au lieu d'étiqueter soigneusement les plantes sur lesquelles M. Sue avait à discourir, ils les affublaient de noms impossibles et monstrueux, afin de voir comment l'érudition du botaniste se dépêtrerait d'un embarras aussi grave.

L'heure du cours sonnait; les jolies élèves étaient présentes.

Une portière de velours grenat s'écartait au fond de la pièce, donnant passage au docteur, qui entrait, le sourire aux lèvres, saluait à droite, saluait à gauche, allait s'asseoir sur une estrade, encombrée de plantes de toutes sortes, en prenait une, et semblait offusqué d'abord du nom baroque inscrit sur le vase.

Mais, comme il lui était défendu de manifester, sans se compromettre, une surprise trop grande, il prononçait hé-

roïquement le nom de la plante, et disait :

— Ceci, mesdames, est le *Concrysio-
nisoidès !*

Il toussait un peu, se recueillait quelques secondes et commençait l'histoire
de la plante fabuleuse, inventant un ra-
goût de pétales, de corolles, de familles,
de sexes, de genres, et l'assaisonnant de
l'élocution la plus facile, du calme le
plus imperturbable. Il parlait ainsi deux
ou trois heures de suite, sans broncher
dans une seule phrase, et, bien entendu,
sans conclure.

Comme on le devine, les trois auda-
cieux préparateurs écoutaient ces belles
dissertations.

Mais ce qu'il y avait de plus répréhen-

sible, — chez Eugène surtout, nouveau
Cham, qui aurait dû jeter le voile du
respect sur la nudité scientifique de son
père, — c'est que les plus gentilles élèves,
celles qui ne payaient pas, étaient dans
la confidence. Moins retenues que les
coupables, il leur arrivait souvent de
pouffer de rire au nez de l'intrépide professeur.

Celui-ci toutefois ne se douta jamais
du tour.

A force de répéter ses mensonges, un
menteur finit par y croire, et nous pen-
sons qu'un phénomène analogue se pro-
duisait chez le savant. Il croyait à
l'existence du *Concrysionisoïdes* et à
l'exactitude de ses démonstrations bota-
niques.

Eugène Sue quitta le collége un peu moins érudit, sur toutes matières, que l'auteur de ses jours.

Mais comme, en dépit de la progression décroissante du talent médical, une solide clientèle s'obstinait à enrichir la famille, le docteur Sue fit entrer son fils, en qualité de sous-aide, à l'hôpital de la maison du roi.

Là, notre héros noue connaissance avec l'illustre docteur Véron, qu'il doit retrouver, un jour, sur un autre terrain que celui de la médecine, sur le terrain du socialisme.

Ils sont du même âge, à trois années près.

Véron se met en quatrième dans la bande, et nos garnements ont des ren dez-vous très-assidus., au cabinet du père d'Eugène.

Est-ce pour travailler, ou pour examiner le crâne de Mirabeau, que M. Sue conserve précieusement dans un bocal? Non certes. Il s'agit de rendre visite à certaine armoire, pleine de vins exquis, donnés, en 1815, au docteur par les souverains coalisés, auxquels il a eu l'honneur de tâter le pouls.

Là se trouve du tokay de premier choix, cadeau de l'empereur d'Autriche, et du vin du Rhin, passé à l'état de nectar, don généreux du roi de Prusse.

N'oublions pas soixante bouteilles de johannisberg, expédiées par le prince de Metternich, en reconnaissance d'un rhume adouci à propos, le jour même

d'une conférence diplomatique; non plus
que cent [1] flacons d'alicante, présent
d'une illustre accouchée, qui avait (l'a-
licante) plus d'un siècle.

Eugène a découvert la clef de cette
bibliothèque d'un nouveau genre, dont
ses amis, chaque soir, viennent l'aider à
étudier le contenu.

Nos quatre vauriens hument les flacons, puis s'occupent de les faire disparaître, quand ils sont vides.

— Mauvais moyen! dit Véron. Les
bouteilles absentes vont nous trahir.

On est frappé de la justesse de la re-

[1] C'est le mousquetaire Dumas, qui détermine ce
dernier chiffre dans ses *Mémoires*, où il parle d'Eugène Sue et de son père, nous ne savons trop pourquoi, si ce n'est pour déflorer cette biographie, inten-
tion mesquine et déloyale, qui tournera sûrement à sa
honte.

marque, et les buveurs prennent soin de ne plus les vider qu'à moitié, pour les remettre, l'instant d'après, en place, absolument pleines.

Demandez à ces messieurs, qui tous quatre sont encore de ce monde, comment le prodige s'accomplissait[1].

Quand le docteur Sue donnait un grand dîner, jamais il ne manquait d'apporter sur la table une des fameuses bouteilles. Il ne la débouchait pas, comme bien on se l'imagine, sans avoir expliqué, dans un récit pompeux, à ses

---

[1] Alexandre Dumas, qui ose tout, a reculé devant cette explication, disant qu'on remplissait les bouteilles avec de la colle-forte, rendue liquide. L'invraisemblance est flagrante. Nous n'imiterons pas le *Mousquetaire* comme inexactitude; mais nous l'imiterons comme délicatesse. C'est la première fois que nous le prenons pour modèle.

convives la manière dont ce vin délectable lui était venu.

La narration faite, il versait.

Chacun portait le liquide à ses lèvres avec une confiance aussitôt suivie d'une grimace unanime. Puis, le docteur goûtant à son tour, et ne pouvant démentir ses éloges, disait, après avoir absorbé la rasade :

— Délicieux!... mais je crois qu'il est temps de le boire.

A côté de lui, le coupable Eugène avalait sans sourciller son châtiment, consolé par la perspective de retrouver, le lendemain, de l'alicante pur ou du johannisberg moins odieusement frelaté.

Ce criminel manége eut une fin.

Le docteur, un jour, entrant à l'impro-
viste dans son cabinet, trouva son fils et
ses amis occupés à remplir les bouteilles.

Ah! ce fut une scène terrible! Le médecin des rois de l'Europe n'était pas
homme à pardonner cet attentat contre
la précieuse armoire. Le même jour, ô
comble de scandale! il apprend que
monsieur son fils a des dettes et qu'il re-
court à des emprunts usuraires.

Dans son indignation, aussi juste que
profonde, il le contraint à s'engager.

Notre héros se dirige vers l'Espagne
avec le corps expéditionnaire envoyé au
secours de Ferdinand VII. Il fait partie,
comme sous-aide, du personnel médical
des ambulances. Son chirurgien-major

est le docteur Gonzalès, père de l'homme
de lettres dont nous avons publié l'histoire.

Mais Eugène ne reste pas longtemps
sous ses ordres.

Un peu revenu de son courroux, et
tremblant que son unique héritier mâle
ne s'exposât dans cette guerre avec trop
de témérité, le père Sue obtient que le
jeune homme soit attaché à l'état-major
du duc d'Angoulême, où les chances de
péril sont beaucoup moindres.

Cet excellent père a des craintes exa-
gérées.

De son propre mouvement, dans les
rares escarmouches qui ont lieu, Eugène
a soin de se tenir hors de la portée des

ballés, et ne va pas chercher les blessés sous le canon de l'ennemi.

Il assiste à distance, et sans recevoir une égratignure, au siége de Cadix, à la prise du Trocadéro, à celle de Tarifa, repasse la frontière et rentre à Paris au bout de cette année glorieuse.

Son père lui fait accueil. On tue le veau gras.

Mais la joie du bon docteur ne le décide point à desserrer les cordons de l'escarcelle. Avec ses honoraires de sous-aide, qui montent à douze cents francs, il est impossible qu'Eugène vive décemment à Paris. Véron et Ferdinand Langlé, ses joyeux camarades, ont la poche autrement opulente que la sienne. Ils se sont adjoint un nouvel ami très-riche

et très-vaudevilliste, appelé De Forges.
Tous mènent vie joyeuse et débraillée [1].

De Forges ouvre bien sa bourse, de temps à autre, au fils du docteur Sue, mais il ne peut indéfiniment lui servir de banquier. Cela, d'ailleurs, humilie beaucoup l'orgueil d'Eugène.

N'importe à quel prix, il lui faut de l'or.

Connaissant déjà plusieurs de ces juifs éhontés dont Paris abonde, il leur confie sa détresse et déclare que l'existence lui est impossible, s'il n'a pas, comme Véron, groom, cheval et tilbury.

[1] Adolphe Adam n'était plus de la bande. Il se livrait alors au Conservatoire à des études musicales très-sérieuses.

— Ah! jeune homme, répondent ces héros de l'usure, l'argent est rare, et nous n'avons à vous offrir que des vins ou des draps.

— Vous êtes fous, dit Eugène. Où voulez-vous que je place ces marchandises?

— Partout. La vente vous en sera facile, même à bénéfice, et vous aurez l'avantage d'apprendre le commerce.

Il fallut se résigner.

Le fils du docteur choisit des vins, comme étant de meilleure défaite. On lui en livra pour seize mille francs; il les revendit mille écus, avec beaucoup de peine, et la somme était bien minime, hélas! pour avoir tilbury, cheval et groom.

Eugène y arrive, toutefois.

On donne un à-compte sur le cheval et sur la voiture, on fait habiller le groom à crédit par un tailleur; la poche du maître contient encore une quantité de louis fort raisonnable, et le voilà brûlant le pavé du matin au soir.

Le docteur Sue, qui aimait l'exercice, par principe d'hygiène, et qui trottait pédestrement le long des ruisseaux, manque d'être écrasé, rue Richelieu, par un élégant phaëton, lancé ventre à terre.

Il lève la tête pour gourmander le jeune fou qui le conduit. O rencontre fatale! Eugène reconnaît son père.

Le docteur est vif, et les coups de canne pleuvent.

Cette correction paternelle bien et

dûment administrée, il somme Eugène
de donner l'explication de son opulence
incompréhensible. Épouvanté du nombre des lettres de change souscrites, et
les regardant comme un complot direc-
tement tramé contre sa bourse, puisque
lui seul peut les payer à l'échéance, il
enjoint à notre enfant prodigue d'aller
reprendre ses fonctions de sous-aide à
l'hôpital militaire de Toulon.

— Bah! s'écrie De Forges, quand Eugène atterré lui annonce la nouvelle,
console-toi, nous partons ensemble. A
cent quatre-vingts lieues de la capitale,
mes créanciers ne me fatigueront plus
de leurs sornettes. Je suis ruiné, mon
cher. Nous ferons des économies.

Pour suffire aux frais de route, ils

parviennent à contracter un dernier emprunt, et la ville de Toulon ne tarde pas à voir arriver nos deux philosophes.

Les joues florissantes d'Eugène, sa forte encolure, affriandent le sexe méridional.

Hercule et sa vieille renommée pâlissent. On s'arrache le sous-aide, et les maris cherchent vainement à circonscrire ses services dans les limites de l'hôpital militaire ; ils n'y réussissent pas.

Grâce à la complicité de ces dames, le beau Sue remporte chaque jour de plus doux triomphes, et De Forges combat à ses côtés dans la lice amoureuse.

Un instant ils purent craindre la fin de leurs conquêtes. A cette époque, il y

avait à Toulon de fort jolies comédien-
nes, et comme ils se disposaient à leur
jeter le mouchoir, le directeur du théâtre ferma tout à coup la porte des cou-
lisses, déjouant les tentatives de ces
deux sultans acharnés.

— Bon! s'écria De Forges, il faudra
bien qu'il nous accorde nos entrées
comme auteurs.

Louis XVIII était mort. On annonçait
le sacre de Charles X.

En une soirée, le jeune vaudevil-
liste, assisté d'Eugène, broche un im-
promptu de circonstance. La bluette est
reçue, mise à l'étude, jouée sans retard,
applaudie avec enthousiasme dans un
pays royaliste, et ces messieurs fran-
chissent le seuil du harem.

On assure qu'ils partagèrent là plus d'une œillade, plus d'un sourire, plus d'un cœur, sans jamais être en dispute. La collaboration ne pouvait être ni plus intime ni moins jalouse.

Eugène Sue et De Forges restèrent unis plus de vingt ans.

Ils se brouillèrent pour des raisons politiques. L'auteur de vaudevilles, joyeux compagnon, caractère léger, mais esprit droit, laissa le romancier se précipiter seul dans un abîme, et le suivit jusqu'au socialisme, exclusivement.

Revenu à Paris, en 1825, Eugène y trouve Ferdinand Langlé directeur d'un petit journal de théâtres et de modes [2].

[1] Si nos renseignements sont exacts, ce journal avait pour titre *la Nouveauté.*

En société de son ami De Forges, le goût de la littérature lui est venu. Sa plume est facile, son imagination prime-sautière ; il écrit dans le journal de Ferdinand quelques articles badins, sinon spirituels, dont les lectrices raffolent.

Sa magnifique santé continuant de marcher de pair avec ces premiers essais de style, nous le voyons obtenir à Paris comme à Toulon des succès de boudoir incroyables. Adonis aimé de Vénus, Endymion, le gracieux berger de Diane, reparaissant sur terre, n'eussent point à coup sûr détrôné le beau Sue.

O frivoles avantages de la jeunesse! ô vanité de l'amour!

Pourra-t-on jamais croire ce qui précède, en examinant aujourd'hui le por-

trait que nous donnons en tête de ce volume, et dont nous garantissons la parfaite ressemblance?

Et, rose, il a vécu ce que vivent les roses.

Ici peut-être vous allez nous dire, il-
ustre romancier, que nous traitons votre
honorable personne bien à la légère.
Pourquoi ces plaisanteries, demanderez-
vous, et de quel droit ose-t-on pénétrer
dans ma vie intime pour y chercher le
scandale et l'inconvenance?

Nous allons prendre immédiatement
e ton sérieux pour vous répondre.

Cette publication, que bien des sots
appellent un recueil de pamphlets, mais
que les gens sages approuvent, comme
une revanche sociale, comme une bonne

et sévère justice, voulez-vous connaitre la pensée générale qui la règle?

Eh bien! prêtez-nous une oreille attentive.

Déjà nous l'avons dit, mais nous sommes forcé de le redire, toutes les fois qu'un homme est monté en chaire, s'adressant aux masses et cherchant à leur insinuer ses doctrines, nous avons le droit de déshabiller complétement ce homme, et de crier au public :

— Voilà l'apôtre qui vous prêche! Examinez-le, jugez-le!

Par ses actes, par sa vie cachée, par sa conduite, appréciez la valeur de ses œuvres; voyez si ses maximes doivent être suivies, si sa morale est respectable, si sa philosophie est honnête.

L'indiscrétion, dans ce cas, se nomme châtiment, monsieur ! elle rentre dans l'accomplissement d'un devoir.

Nos révélations, en conséquence, ne sont pas d'un pamphlétaire ; elles sont d'un juge.

Ah ! vous croyez, empoisonneurs, que nous allons vous traiter tout simplement en écrivains célèbres et vous laisser au front une couronne sans épines ! Vos efforts, joints à ceux de l'envie et de la sottise, cherchent à nous réduire au silence ; mais rien ne nous empêchera, pourvu qu'il nous reste un souffle à la gorge, et à la main une plume, de révéler la source de vos opinions déloyales, de vos théories menteuses, de vos doctrines subversives. On saura quels sont vos instincts d'ambition dégradante et de matérialisme abject, on le saura, nos maîtres.

Une dernière fois donc, à bas les masques, vêtements à terre, et baisez les verges!

Dans le cours de l'année 1826, l'auteur du *Juif errant* fréquentait avec assiduité le salon de madame de Cubières [1]. Il y fit assez bon nombre de conquêtes aristocratiques, dont son orgueil de bel homme fut excessivement flatté. Ses premiers livres offrent le portrait fidèle de ces maîtresses de haut parage, que tout le cercle de leurs connaissan-

[1] Auteur de romans remarquables comme délicatesse de forme et de pensées. M. Eugène Sue n'a rien pris à cette école.

ces a devinées sous le voile transparent qui les couvre.

Quel nom donnerez-vous à un procédé semblable? Nous vous en laissons le choix, lecteur.

Après avoir acquitté les premières lettres de change de son fils, M. Sue déclara formellement qu'il ne paierait plus un centime de dettes, mesure sévère qui mit Eugène dans une pénurie métallique assez grave pour le contraindre à porter en gage une fort belle montre Louis XVI, cadeau de l'impératrice Joséphine, sa marraine.

Il ne réalisait alors avec sa plume que des bénéfices médiocres.

Mais bientôt il rassure les juifs qui lui ferment leur bourse, et touche quelques mots au sujet de l'héritage prochain de son grand-père maternel, excellent vieillard, aussi chargé de vieillesse que d'écus.

La perspective allèche nos usuriers.

On escompte la succession de l'aïeul, et le cabriolet, le groom, le luxe, les folles dépenses reviennent avec tant de scandale, que le docteur Sue fait bel et bien interdire notre dandy, et le force à s'embarquer sur un navire de la marine royale, le *Breslau*, en son éternelle qualité de sous-aide.

Eugène fait le tour du monde.

Il visite l'Asie, l'Inde, toutes les Amériques, stationne aux Antilles, et revient à Brest, où il lui arrive une aventure insensée.

Notre devoir d'historien ne nous permet pas de la passer sous silence.

Ayant appris à dessiner quelque peu, et cherchant sur mer l'emploi de ses loisirs, Eugène s'amusait à croquer les matelots sur le pont du vaisseau.

La charge arrivait surtout merveilleusement à la pointe de son crayon.

Mais un matelot provençal, déjà fort laid de visage, et que le malin sous-aide rendit, comme de juste, infiniment plus laid encore, s'indigna de voir sa caricature collée au grand mât du *Breslau*. Ses camarades le plaisantaient au delà de toutes les bornes permises, et sa rancune contre le dessinateur était profonde.

Mais comment se venger d'un officier ?

Le pauvre diable avait le droit de saluer Eugène avec beaucoup de respect, voilà tout.

Cependant il se creusait la tête pour découvrir une vengeance qui ne le menât point au cachot.

La découverte n'eut lieu qu'à Brest.

Un soir, cherchant refuge sous un porche, pour se mettre à l'abri d'un orage violent qui venait d'éclater, notre Provençal aperçoit le sous-aide caricaturiste en frac brodé d'or, en culotte blanche, en gants beurre frais, en souliers fins, et dans un grand embarras.

Il y a bal chez le préfet maritime.

Eugène est attendu par une femme charmante, avec laquelle il doit danser le premier quadrille; mais il est là depuis un quart d'heure, sans possibilité de trouver une voiture, et ne voulant pas compromettre sa fraîche toilette au milieu des ruisseaux.

— Serviteur, monsieur Soue! zé vous souhaite lé bonzoir, dit le matelot, saluant le bel officier.

Du premier coup d'œil il juge la situation et pressent la vengeance.

— Bonsoir, mon brave, dit le sous-aide. Comprends-tu que, dans cette satanée ville, on n'ait point de voiture?

— Né m'en parlez pas, monsieur Soue, né m'en parlez pas! Z'ai voulu en cercer une à cé pauvre contre-maître... Ah! ouitche!... Il est rentré cez lui, envoyant lé bal au diable.

— Écoute, dit Eugène, il me faut une

voiture. Vingt francs pour toi si tu me la trouves. Pour tout au monde je ne manquerais pas à ce bal. On m'y a donné rendez-vous.

—Quelqué zolie femmé! dit le matelot, poussant un comique soupir. Ah! vous êtes beau garçon, vous, monsieur Soue! vous êtes beau, très-beau... Zé vous aime!.

—Il ne s'agit pas de cela, mais d'une voituré, imbécile.

—Vingt francs, monsieur Soue.... Eh! zé vous rendrais service gratuitement, si zé lé pouvais..... Sandis! vous né vous doutez pas commé zé vous aime.

—Une voiture! une voiture!

—Dans tout Brest vous né trouvérez pas la queue d'un fiacre...... Ah! une idée!...

Vous avez un parapluie, monsieur Soue.

— Oui, mais à quoi me sert-il ? En traversant les rues, j'aurai de l'eau jusqu'au genou, et j'arriverai dans un bel état pour la contredanse.

— Eh ! grimpez sur mes épaules, sandis !

— Quoi ! mon garçon, tu consentirais...

— Pour vous, millé sabords ! zé mé noierais trenté fois lé zour... Ah ! vous êtes beau ! très-beau, monsieur Soue !... Voyons, montez, et ouvrez lé riflard.

Notre sous-aide accepte ce moyen do transport.

Le voilà sur les épaules du matelot, traversant à pied sec les rues torrentielles.

— Diable ! monsieur Soue, vous êtes beaucoup plus lourd que zé né croyais, dit le Provençal, au bout d'une cinquantaine de pas.

— Courage, mon ami, courage ! Jé t'ai promis vingt francs, tu les auras.

— Les vingt francs, zé m'en fiché bien, puisqué zé vous aime... Ouf !... Si zé vous mettais une minute à terre ?

— Au milieu du ruisseau ! s'écria le sous-aide avec épouvante. Et mes souliers, et mon pantalon blanc !

— Oui, zé né dis pas lé contraire... Mais, triple mitraille ! vous pesez plus de deux cents livres.

— Bah ! laisse donc, je te donnerai deux louis.

— Non, point d'argent... de l'amitié,

monsieur Soue... zé préfère un peu
d'amitié... Passez-moi la main dans les
ceveux.

— Comment! que je te passe la main
dans les cheveux, animal! Es-tu fou?

— Ah! dame, si vous mé réfusez cé
pétit plaisir, zé vous dépose, mille bom-
bes!

Le matelot s'accroupit, faisant mine
d'exécuter la menace.

Il y avait deux pieds d'eau dans la
rue.

Notre sous-aide trouva plus sage de
s'exécuter, et passa l'un de ses gants
beurre frais dans la chevelure inculte
du matelot.

— Merci, monsieur Soue, merci! Vous
né savez pas tout l'agrément qué z'é-

prouvc... C'est égal, vous êtes un vrai morceau de plomb.

— Va plus vite, affreux drôle! Tu marches comme une tortue.

— Ah! sandis, vous avez beau dire, monsieur Soue, z'ai les reins abîmés. Voyons, donnez-moi du courage... Embrassez-moi.

— Que je t'embrasse, canaille! que je t'embrasse! cria le sous-aide, bondissant tout furieux.

— Si vous mé faites l'inzure dé mé réfuser, zé vous sécoue dé mes épaules.

— Maudit gredin! veux-tu finir! cria l'officier, dont le matelot venait de lâcher une jambe, et qui sentait tremper un de ses escarpins dans le ruisseau.

— Embrassez-moi...

— Jamais !

Le Provençal lâcha l'autre jambe. Forcé de se retenir à deux mains pour ne pas choir, notre sous-aide en passa par l'accolade.

— C'est zentil, c'est très-zentil, monsieur Soue... Encore !

On approchait de l'hôtel de la préfecture, Eugène Sue l'embrassa de nouveau.

Encore ! encore !

Il y eut juste six baisers, au moment où l'on arriva sous le péristyle, et le matelot dit au sous-aide, en le déposant sur un terrain sec :

— Ah ! monsieur Soue ! monsieur Soue ! vous m'avez trouvé plus zoli qué mon portrait !... Zé vais lé dire aux camarades. Ils né sé moquéront plus dé moi.

Tout Brest, lé lendemain, sut l'aventure. Dieu sait quel ridicule tomba sur ce pauvre Eugène!

Quand il voulait baiser la main d'une dame, on s'écriait :

— Fi! vous sentez le matelot!

Deux mois s'écoulent, et le malheureux n'a pas encore vu la fin des plaisanteries que lui attire l'anecdote. Heureusement la guerre de la Méditerranée se déclare dans l'intervalle, et le *Breslau* fait voile pour l'Égypte avec son équipage.

Vingt et un jours après, Eugène entend gronder le canon de Navarin.

Pendant que les flottes combinées de France, d'Angleterre et de Russie en sont aux prises avec la flotte turco-égyptienne, notre romancier, qui peut si bien voir un combat naval et en étudier tous les épisodes, laisse complétement échapper cette occasion de nous faire admirer plus tard son génie descriptif. Il descend, non pas à la cave, comme M. Dupin pendant les Trois-Jours, mais à fond de cale, où il écoute, glacé d'épouvante, le tonnerre de trois mille canons.

A la fin de la bataille, on cherche Eugène Sue, car le chirurgien-major et son aide ont été frappés l'un et l'autre d'un boulet, en soignant les blessés sous le feu.

Les matelots le tirent avec une peine infinie de son héroïque retraite.

On l'invite à prendre ses instruments

et à opérer partout où le besoin s'en fait sentir. Il obéit; mais ceux qu'il ampute ne coûtent pas à l'État de longs frais de convalescence [1].

Jusque-là, tout son art chirurgical a eu la saignée pour limite, — et encore, à l'exemple de son ami Véron, manque-t-il parfois la veine.

A son retour en France, notre héros montre fièrement à ses amis un trophée de Navarin. C'est la dépouille complète d'un Turc, avec le cimeterre et l'Alcoran.

[1] — M. Sue, nous disait, il y a peu de temps, un vieil officier qui se trouvait à bord du *Breslau*, avait toute la maladresse d'un novice jointe à l'aplomb d'un vieux chirurgien. Si le gaillard craignait pour ses propres bras et pour ses propres jambes, en revanche il tailla les jambes et les bras d'autrui avec beaucoup de sang-froid. »

Son aïeul maternel vient de mourir.

Eugène se trouve à la tête de cinquante mille écus, et son père ne tarde pas à lui laisser un héritage de près d'un million.

Dès lors, il quitte le service et mène, au sein de Paris, cette existence de prince indien, dont on a fait des relations si pompeuses, éblouissant les sots, excitant l'humeur des jaloux par son luxe oriental [1], et attirant à ses pieds toutes celles des filles d'Ève qui prêtent l'oreille au tintement de l'or.

Le beau Sue commence à ne plus être

[1] Il demeura d'abord rue de la Ferme-des-Mathurins, où se trouvaient ces fameux dressoirs chargés de vaisselle plate et d'argenterie, qui émerveillaient tant les visiteurs. Plus tard, il transporta ses pénates rue de la Pépinière, dans le quartier du faubourg Saint-Honoré.

aimé pour lui-même, et la richesse comble à propos certaines lacunes du plaisir.

A l'éclat de l'opulence, il veut joindre un autre éclat moins éphémère, et conquérir l'auréole d'une illustration quelconque. La littérature pour lui n'a été qu'un pis-aller, qu'un caprice. Ne se croyant pas de force à devenir un écrivain populaire, il croit trouver dans les arts moins d'obstacles à la célébrité que partout ailleurs.

— Puisque j'ai vu l'Océan et ses magnificences, je pourrai mieux que personne les reproduire sur la toile, se dit Eugène.

Il prend pour maître Gudin, le peintre de marine. Mais ses tentatives de palette ne sont point heureuses [1].

— J'ai là un élève qui paye en prince, disait Gudin. Mon couvert est mis à sa table tous les jours; il me prête ses chevaux, ses voitures.... Quel malheur de ne pouvoir lui donner un peu de talent! Si je continue mes leçons, je le vole.

Pour reconnaître les politesses et la générosité d'Eugène, il lui permettait;

[1] Un jour son maître lui dit: « — Vous étiez à la bataille de Navarin? —Oui, répondit Eugène, grand jour! terrible combat! —Eh bien, voyons, faites là-dessus un tableau. » Malheureusement il fut impossible à l'élève de composer de mémoire. Il ne trouvait aucune couleur, aucune nuance capables de rendre ce qu'il avait vu à fond de cale, et l'invention ne le servit pas mieux que le souvenir. Il essaya de quelques marines moins historiques, et tout récemment encore, on montrait, au foyer de l'Odéon, une abominable croûte, attribuée au pinceau de l'auteur de *Mathilde*.

de temps à autre, de recevoir quelques
jolies solliciteuses, très-empressées à
demander des conseils sur l'art. Elles
obtenaient audience du héros de Navarin, qui se faisait passer pour le peintre. Ces dames le quittaient parfaitement conseillées [1].

Plus tard, Eugène Sue renversa l'a-
necdote.

Aux beaux jours de *Mathilde* et des
Mystères de Paris, on ne s'imagine pas
quel nombre incalculable d'épîtres féminines la poste lui apportait chaque
matin. Presque toutes étaient rédigées
sur le modèle suivant, qu'un indiscret
nous communique :

[1] Certaine histoire de déguisement en laquais et de
bottes cirées à la porte, le lendemain, par Eugène Sue,
au retour de ces dames, est une invention pure de
M. Alexandre Dumas.

« Paris, 23 juin 1844,

« Monsieur,

« La lecture de vos œuvres est attachante au-delà de tout ce qu'on peut dire. Vous êtes le premier écrivain du siècle. Je vous dois mes plus doux instants, et mon bonheur serait complet s'il m'était donné de connaître l'homme qui écrit des pages si ravissantes. Pourriez-vous, Monsieur (je n'ose l'espérer, hélas!); dérober quelques heures à l'inspiration pour les consacrer à la plus sympathique de vos lectrices? Je suis chez moi tous les soirs.

« OCTAVIE DE B***. »

Suivait l'adresse de l'enthousiaste personne.

Fatigué d'une correspondance trop active, Eugène donne la lettre ci-dessus à un de ses amis, en lui proposant d'aller au rendez-vous à sa place. L'ami accepte, et la substitution s'opère sans encombre.

A trois jours de là, l'heureuse lectrice frappe à la porte du romancier.

Les domestiques l'introduisent auprès de leur maître. Elle envisage celui-ci, paraît fort décontenancée, et murmure avec saisissement :

— Vous n'êtes pas monsieur Sue... Pardon !... Je demande monsieur Sue, l'auteur de *Mathilde*.

— C'est moi, Madame, c'est moi-même.

On devine la fin du dialogue. La malheureuse perdit connaissance, en apprenant qu'elle avait reçu chez elle un simple fondé de pouvoir.

Avis aux personnes tendres et roma-

nesques, dont l'imagination, exaltée par
la lecture d'un livre, prête naïvement à
l'auteur les rêves les plus doux de la
poésie, les délicatesses les plus exqui-
ses du sentiment. Personne ne les plaint
quand elles trouvent un Lovelace indi-
gne, un Méphistophélès sans cœur.

Voyant qu'il n'obtenait dans les arts
aucune réussite, Eugène daigna consacrer aux lettres une partie de ses heures
opulentes.

Nous le voyons, de 1830 à 1831, com-
mencer avec De Forges, Monnais et Vil-
leneuve à faire du théâtre et des livres ,
sans toutefois que* le travail suspende

1 Les comédies qui ont pour titre *Monsieur le Marquis* et le *Secret d'État*, ainsi que la pièce du *Fils
de l'Homme*, jouée aux *Nouveautés*, sont de cette
époque.

les délices et les voluptés de sa vie de grand seigneur.

Il est alors le Périclès d'une Aspasie fameuse, aussi charmante que spirituelle, douée d'une éducation parfaite et d'une science de calcul extrême. Beaucoup d'élégants personnages de la Restauration, les plus nobles et les plus riches, ont pavé d'or le boudoir de cette beauté mathématique.

Après eux, grâce au million de son père, Eugène est parfaitement accueilli.

Persuadé qu'on l'aime pour sa valeur intrinsèque et non pour sa fortune, il orne de ses dépouilles opimes le temple de la déesse, jusqu'au jour où, acquérant la preuve que d'autres sacrificateurs approchent de l'autel, il s'avise d'y trouver à redire et de brutaliser l'idole.

On entend tout à coup des querelles violentes éclater dans le sanctuaire.

Les meubles se brisent, les porcelaines volent en éclat ; des bronzes sont lancés contre les glaces de Venise, et, par intervalles, au milieu de cette tempête, on peut distinguer le bruit mat et très-reconnaissable d'un assez grand nombre de soufflets donnés et rendus.

Après le combat, la séparation.

Notre Périclès, à demi-ruiné, voit un peintre illustre lui succéder dans les bonnes grâces d'Aspasie, lequel peintre illustre ne tarde pas à se voir supplanté par un non moins illustre compositeur, qui reste définitivement, et par contrat de mariage, en possession du temple, de l'idole et des dépouilles opimes.

Il y a des courtisanes heureuses. Toutes ne finissent pas à la Salpêtrière.

Eugène transporte son cœur et ses hommages aux genoux de la moitié légitime d'un banquier connu.

Trop avare ou trop négligent, le mari n'accorde à madame pour sa toilette qu'un budget restreint, et les mânes économes du père Sue gémissent en voyant le reste du million s'en aller en diamants, en chapeaux, en robes et en cachemires.

Une fois au bout de son héritage, notre héros songe à reprendre à la littérature ce que lui ont enlevé ces dames.

Il écrit quelques articles de mode et

de théorie élégante dans le *Voleur* de Girardin, et publie, de 1831 à 1833, une série de romans maritimes, qui, nous devons le dire, à cette époque propice aux lettres, obtiennent un succès pyramidal.

Plik et Plok, — *Atar-Gull*, — *la Salamandre* — et *la Vigie de Koatven* sont les principaux de ces livres. Le genre maritime était encore neuf dans la littérature moderne, et l'on cria partout qu'un Cooper français venait de naître.

Eugène continua son train de maison.

Près du gouffre béant et desséché de la ruine jaillissait une nouvelle source d'opulence.

Les cercles du faubourg Saint-Germain ne cessèrent pas de lui faire accueil. Il y paradait avec le même luxe, entouré de l'éclat de sa jeune renommée, surpassant en morgue, en orgueil, en dédain, les plus aristocrates et les plus fiers.

Ses premiers livres affichent un scepticisme moral aussi complet que révoltant.

Ce familier des nobles s'apitoyait sur le sort des rois déchus, prenait la défense des blasons humiliés par les vainqueurs de 1830, et versait un mépris indicible sur tout ce qui était peuple et classe moyenne. Le socialiste intrépide que nous connaissons aujourd'hui, le flatteur des masses populaires, le courtisan des faubourgs écrasait alors du haut des sommets aristocratiques l'émancipation, le progrès, les lumières. Il se montrait ancien régime jusqu'au bout des ongles.

On vantait ses excellents principes, on le remerciait de faire ainsi le coup de feu contre la révolution ; mais on n'acceptait pas le sans-gêne de ses allures, et l'on se disait à l'oreille :

— Voyez ce petit bourgeois-gentilhomme ! Est-ce qu'il sort de la cuisse d'un Montmorency ?

Apercevant, un soir, dans un salon le duc de Fitz-James, envers lequel, en s'abstenant d'un échange de politesse réclamé par les lois du monde, Eugène s'était rendu coupable d'inconvenance,

il l'aborde, et lui dit sur un ton fort
cavalier :

— Figurez-vous, monsieur le duc,
qu'après mes travaux littéraires, les
steeple-chases, les courses aux bois, les
dîners, et mille occupations que me don-
nent ces dames, il me reste si peu de
minutes à moi, qu'il m'est impossible de
rendre une seule visite.

— Vous êtes bien heureux, lui répondit sèchement le duc, que monsieur
votre père ait trouvé le temps d'en
faire.

Cette réplique spirituelle courut toute
la rive gauche, au milieu d'éclats de
rire sans fin.

Pendant trois semaines elle eut une
vogue immense.

Profondément humilié, notre héros ne se brouilla cependant point encore avec le noble faubourg. Il chercha dans la gloire littéraire un abri contre le ridicule. Ayant épuisé les sujets maritimes, il découvrit dans la mine historique d'autres filons d'or[1]; puis il aborda le roman de mœurs, et l'on prétend qu'il s'est dessiné lui-même dans *Arthur*, avec ses goûts, son caractère et ses principes de morale.

Il voyait de plus en plus chaque jour les éditeurs se disputer ses livres.

[1] *Latréaumont*, — *Jean Cavalier*, — *le Marquis de Létorière*, — et *le Commandeur de Malte* furent publiés de 1837 à 1840. On reporte au même temps *Deleytar*, — *la Coucaratcha*, — *Deux Histoires*, — et *les Comédies sociales*.

On lui paya quatre-vingt mille francs son *Histoire de la marine française*, œuvre mal conçue, mal digérée, mal écrite, pour laquelle cependant M. Paulin Richard de la Bibliothèque lui avait fourni des matériaux inappréciables et fort bien coordonnés.

Mais le travail sérieux a été, de tout temps, incompatible avec l'existence de sybarite et les mœurs légères de l'homme auquel nous consacrons ces lignes.

Plus il grandissait en renommée, moins il soignait ses ouvrages, plus il s'abandonnait au monde, à son tumulte, à ses folles ivresses; et les éditeurs de l'*Histoire de la Marine*, pour nous servir d'une locution reçue en librairie, burent un bouillon superbe[1].

Du reste, l'auteur de *Plik et Plok* manie la plume avec une facilité rare. Phrases, chapitres, volumes, tout cela coule de source et à pleins bords.

Il est doué d'une puissance d'invention merveilleuse, et nous devons lui rendre cette justice qu'il travaille sans collaborateurs. En un clin d'œil il a bâti son feuilleton du jour; puis le reste du temps est consacré à la toilette, aux cavalcades du bois de Boulogne, à des fes-

[1] Au moment où nous mettons sous presse, on nous affirme qu'Eugène Sue dédommage parfois ses éditeurs quand ils ont perdu de l'argent avec ses livres. Ainsi, au premier mot de plainte de Michel Lévy, relativement à un traité désavantageux, il lui aurait accordé le droit de publication gratuit du *Diable médecin*.

tins insolents et à des parties de boudoir.

Le *Constitutionnel* a dit lui-même dans sa forme de style la plus chaste et la plus pudibonde, qu'il était impossible de compter les *amitiés féminines* de M. Eugène Sue. En l'absence de la mémoire du cœur, notre Adonis de cinquante-cinq ans possède à merveille la mémoire de la tête, et chaque jour encore, à chaque page de ses œuvres, il raconte avec la plus magnifique impudence les chutes qu'il a provoquées, les bonheurs qu'il a obtenus. Ces dames ont l'agrément de reconnaître leur portrait et leur histoire. La fameuse *Mathilde* est une galerie complète.[1]

[1] Les personnages de Mathilde, d'Ursule, de made-

On trouva dans le grand monde ces indiscrétions de fort mauvais goût. Les Vénus prudentes cessèrent de s'affriander de la personne d'Adonis.

Voyant le nombre de ses amitiés féminines décroître, Eugène songea très-sérieusement à un mariage, et jeta les yeux sur mademoiselle de N***, petite-nièce de madame de Maintenon, destinant aux honneurs de sa couche cette riche et noble héritière.

A force de hanter les gens de haut

moiselle de Maran, de M. de Vérac, de Rochegune et de Lugarto vivent encore autour de nous. Chacun les nomme à haute voix. Avant *Mathilde*, Eugène Sue avait publié *le Morne au Diable* et fait jouer deux pièces avec succès : *la Prétendante*, comédie en 3 actes, à la Comédie-Française, et le drame des *Pontons* à la Gaieté. M. Prosper Dinaux est son collaborateur pour les ouvrages dramatiques.

parage, Eugène se croyait du même bord.

Il se faisait appeler le baron Sue, prenait des airs de duc et pair vraiment incroyables, et passait l'éponge sur sa roture avec beaucoup de candeur.

On se chargea de lui rappeler son origine.

Sous prétexte de disproportion d'âge, il fut éconduit très-poliment, le jour où il demanda la main de mademoiselle de N***.

Quant au véritable motif du refus, c'est-à-dire au défaut de naissance, on ne se gêna pas le moins du monde pour le révéler dans les salons.

Bientôt l'humiliante vérité parvint aux oreilles d'Eugène.

— Ah! vous me repoussez, cria-t-il,

eh bien, nous allons voir ! Il s'agit de compter avec moi, race orgueilleuse... ou je saurai t'écraser !

Sans plus de retard, il se fait actionnaire de la *Phalange* et de la *Démocratie pacifique*, s'imaginant qu'on va demander grâce à sa toute-puissance littéraire. Ne peut-elle pas devenir terrible du service de la cause du peuple ?

Mais personne ne bouge. La haute famille dont il sollicite l'alliance ne juge pas à propos d'amener pavillon.

Eugène ne gagne à ses roueries et à son attitude menaçante que la déconsidération qui s'attache aux transfuges. Une dernière aventure achève de le rendre tout à fait socialiste.

Ayez la complaisance, cher lecteur, d'écouter l'anecdote.

Sans être positivement affligé de l'épouvantable maladie qu'il prête au notaire Jacques Ferrand dans les *Mystères*, Eugène Sue, gâté par ses vieux triomphes, a la funeste manie de vouloir exercer chez toutes les femmes le droit de conquête.

Il ressemble à don Gusman, le cher homme, et ne connaît point d'obstacle.

Admis chez une très-noble duchesse, et prenant ses bontés pour de tendres avances, il croit avoir touché son cœur, se précipite à ses genoux, lui adresse une déclaration brûlante, et s'oublie, dans son enthousiasme amoureux, jusqu'aux témérités les plus coupables.

6

La duchesse se lève et sonne ses gens.

Deux domestiques robustes, galonnés sur toutes les coutures, arrivent à cet appel.

—Vous allez, dit la grande dame, prendre monsieur au collet... vous comprenez, au collet?... puis vous le conduirez jusqu'à la porte de l'hôtel, qui pour lui dorénavant ne doit plus s'ouvrir.

Elle accompagne ces paroles d'un geste impérieux.

—L'ordre de la maîtresse du logis reçoit son accomplissement, et, dès ce jour, Eugène Sue devient archidémocrate et socialiste à tout rompre.

Voilà l'origine de ses convictions.

Jamais volte-face ne fut plus active et plus prompte. Le héros du royalisme,

le contempteur du peuple, le chevale-
resque partisan de l'ancien régime dé-
chire sa bannière et passé à l'ennemi,
la plume haute.

Oui, citoyens!

Et vous lui avez tendu les bras, comme
vous avez fait jadis à M. de Lamennais.
Peu vous importe la manière dont se
grossissent vos rangs : les apostats font
nombre.

Maintenant Eugène Sue est un de vos
premiers apôtres. Vous avez le droit d'en
être fiers.

Notre illustre romancier tire dès lors
à boulets rouges sur les classes aristo
cratiques. Il se montre d'une assiduité
scrupuleuse aux réunions phalanstérien-

nes, il prêche dans tous ses livres la
révolte et l'anarchie.

Bientôt les *Mystères* sont en cours de
publication.

Dans quel journal paraissent-ils,
s'il vous plaît? Dans le *Journal des
Débats*.

Sous le système de corruption, qui,
dix-huit années durant, pesa sur la
France, les meilleurs amis du Château
lui jouaient de ces tours; quand on fer-
mait l'oreille à quelques-unes de leurs
requêtes, ou quand on ne laissait pas le
champ libre à leurs vues ambitieuses.

Mystères de Paris dans les *Débats*,
Juif errant dans le *Constitutionnel*.

Ainsi que Véron, notre estimable et

cher docteur, Armand Bertin sans doute avait contre Louis-Philippe de graves sujets de plainte. Ils se vengèrent l'un et l'autre du système, en aidant l'écrivain empoisonneur à débiter sa drogue [1].

Jamais on n'est trahi que par les siens.

Vous connaissez à présent, lecteur, la véritable cause de cette guerre déloyale faite à la société par M. Eugène Sue.

[1] En dehors de l'odieux du livre, pris au point de vue général, on y remarque assez bon nombre d'infamies particulières très-caractérisées. La duchesse de Lucenay et la comtesse d'Harville sont de nouveaux portraits de maîtresses parfaitement reconnaissables. Décrier et perdre des femmes dont le seul tort est de s'être montrées faibles et d'avoir cru à votre honneur, est un acte qui, dans tous les pays du monde, se qualifie de la même manière et par le même mot.

Les tristes résultats de cette guerre vous ont plus d'une fois inspiré de l'épouvante ; mais rassurez-vous, les attaques de cet homme cesseront un jour, — quand il sera lui-même victime des passions qu'il soulève.

Curieux d'étudier les types de son livre sur nature, et trouvant que le caractère de *Rigolette* surtout mérite des recherches approfondies, l'auteur du feuilleton des *Débats* juge convenable de nouer connaissance avec une jeune ouvrière, aux yeux de laquelle il se fait passer pour un peintre en décors.

Affublé d'une blouse et d'une casquette, Eugène se promène avec son type, tous les dimanches et tous les lundis, à la barrière Mont-Parnasse ou à la Courtille.

On mange du lapin sauté dans la première gargote venue ; puis on se rend au bal, où l'intrépide Rigolette, enlevée par le piston, casse bras et jambes à son téméraire danseur.

Heureusement, il est permis au faux peintre en décors de se reposer le reste de la semaine, et ses loisirs sont alors consacrés à l'étude de l'argot.

Le professeur d'Eugène Sue, dans cet élégant et noble idiome, fût un Auvergnat de son voisinage, qui, pour le mot *surineur*, par exemple, dérivé de *surin* (couteau), adoptait tout naturellement la prononciation excentrique puisée aux sources les plus pures du Cantal.

Eugène écrivit comme prononçait son maître, et voilà pourquoi nous avons *chourineur*, sans compter les autres fautes d'argot, dont fourmille ce malheureux livre des *Mystères*.

Un spirituel journaliste, Adolphe de Balathier, s'amusait dans une petite Revue de l'époque à redresser toutes ces fautes et à critiquer l'œuvre dans son ensemble.

Au deuxième article, il reçut le billet suivant :

« Vous abîmez un homme qui vaut mieux que vous et que les vôtres ! Mais patience ! bientôt nous jouerons aux quilles avec votre tête ! »

Un lecteur sérieux d'Eugène Sue ne pouvait écrire dans un autre style.

Le *Juif errant* ne tarda pas à paraître à son tour[1], et nous avons dit ailleurs de quel prix énorme Véron paya cet ouvrage, où les doctrines jésuitophobes se marient avec tant de grâce au dogme démocratique et social.

Saisis d'admiration à la lecture de ce livre, messieurs les libéraux belges frappèrent une médaille en l'honneur d'Eugène Sue.

Peut-être ne sera-t-on pas fâché d'apprendre un second fait à leur éloge.

Le chiffre de la souscription ayant, en quelques jours, excédé le prix de la mé-

---

[1] Dans l'intervalle qui sépara les deux publications, Eugène Sue donna *Thérèse Dunoyer*, et fit représenter au boulevart le drame du *Prince Noir ou les Chauffeurs*, toujours avec la collaboration de Dinaux.

daille, on employa le surplus à fabriquer une magnifique édition du *Juif errant*, et ce catéchisme d'un nouveau genre fut distribué gratis au peuple des campagnes belges [1].

Il serait vraiment par trop injuste de ne pas remercier ces nobles patriotes au nom de la société, de la morale et de la religion.

L'auteur socialiste conclut avec le *Constitutionnel* un traité qui lui garantissait une somme de cent mille francs, pendant quatorze années consécutives, c'est-à-dire près d'un million et demi,

[1] En revanche, les réfutations des ouvrages d'Eugène Sue n'ont été nulle part aussi nombreuses qu'en Belgique.

pour la simple bagatelle de dix volumes
par an.

Mimi Véron laissait déborder sa caisse
et couvrait d'or son exterminateur de
jésuites.

Il s'imagina que la France entière dé-
sirait avidement glisser le regard jusqu'au fond du temple où le dieu du
feuilleton élaborait ses merveilles, et
tout aussitôt il servit à ses abonnés, sur
le logement d'Eugène, cette agréable
tartine descriptive :

Il habite, dans les hauteurs du faubourg
Saint-Honoré, une petite maison tapissée
de lianes et de fleurs, qui font voûte au péristyle. Son jardin est amoureusement ar-
rangé, frais et parfumé ; un jet d'eau bruit
au milieu de roches et de joncs. Une longue
galerie fermée, tapissée de sculptures et de

plantes, conduit de la maison à une petite
porte extérieure, toute dérobée sous un ro-
cher artificiel. Le logement se compose de
très-petites pièces, un peu étouffées, tenues
obscures par les lianes et les fleurs pen-
dantes aux fenêtres. L'ameublement est
rougé à clous d'or ; la chambre à coucher
seule, plus claire et bleuâtre. Les meubles,
très-nombreux, s'entassent, non sans con-
fusion, entre d'épaisses tentures. Il y a là
un peu de tous les styles : gothique, renais-
sance, fantaisies françaises. Le salon est
rocaille. Les murailles sont cachées par
les objets d'art, bahuts, curiosités diverses,
peintures et sculptures, portraits de famille,
œuvres magistrales, œuvres des artistes
modernes, ses amis. Des vases précieux,
dons des *amitiés féminines* (on tient décidé-
ment à l'expression), couvrent les consoles.
L'un d'eux est un hommage respecté d'une
main royale. Des noms glorieux brillent de
toutes parts : Delacroix, Gudin, Isabey,
Vernet, etc. Dans un cadre, on voit un des-
sin de Mme de Lamartine et des vers de l'il-

lustre poëte. Un tableau occupe une place privilégiée, sur chevalet, au milieu des coquetteries du salon : c'est un *Anachorète* d'Isabey, d'un effet terrible, contraste remarquable dans ce petit temple de la volupté. De tout cela sort un parfum doux, où se distingue la saine odeur des cuirs de Russie. Les chevaux et les chiens que M. Sue a préférés, peints par lui-même ou par Alfred de Dreux, gardent compagnie à qui les caressait autrefois et se recommandent au souvenir amical. Dans le vestibule, au milieu de l'attirail et des trophées de la chasse, un loup et un oiseau de proie, autrefois apprivoisés et aimés, revivent empaillés dans la demeure du maître. Au bout du jardin sont logés avec soin deux magnifiques lévriers, présent de lord Chesterfield. De beaux faisans dorés et des ramiers se promènent librement sur le gazon du jardin, et viennent chaque soir se coucher sur les jardinières des fenêtres et sous le perron, gardiens ailés du seuil, élégants et doux amis de la maison. En parcourant cette demeure, que la

main d'un ami-nous ouvrait pendant l'absence du propriétaire, nous devinions bien
des traits du caractère : la passion du luxe et
des plaisirs bruyants, avec des retours vers
la retraite et la méditation ; le goût éclairé
des beaux-arts, l'attrait pour les obscuri-
tés raffinées, l'amour des animaux et des
plantes. »

C'est très-mal écrit, mais c'est fort curieux.

Seulement Mimi Véron a négligé certains détails, et nous sommes obligé de
compléter ce qui précède.

Pourquoi ne rien dire d'un portrait
d'Eugène, peint à l'époque où notre gra-
veur aurait dû le prendre, c'est-à-dire
au temps où ces dames se disputaient le
beau Sue [1] ? Afin d'encadrer l'image plu

[1] Ce portrait occupait la place d'honneur, au-dessus
de la cheminée du salon.

dignement, la muse du matérialisme et des joies sensuelles a daigné composer tout autour une guirlande de vers, au bas desquels se lit la signature d'Alfred de Musset.

Comme le docteur Véron parcourait le logis en l'absence du maître, il ne parle ni des femmes de chambre habillées à la mode athénienne, ni d'un peuple de laquais à la livrée quasi royale, ni de ce groom originaire de Douarnenez, auquel, de temps à autre, pour humilier Racine et se procurer un divertissement original, notre romancier fait lire à haute voix un acte de *Phèdre* ou d'*Athalie*, que ce déclamateur d'un nouveau genre débite avec un abominable accent bas-breton.

Le *Constitutionnel* oublie :

Les gants-paille que le père du *Juif errant* passé, avant d'écrire, à ses mains illustres[1], et dont la note s'élève, chez le parfumeur, à cent écus par mois, économisés sur le chapitre de l'aumône;

Le riche plateau, ciselé par Frôment Meurice, sur lequel on présente à l'écrivain ses gants et ses lettres;

Les ciseaux d'or, destinés à couper le papier;

La fameuse écritoire de onze mille francs, chef-d'œuvre de l'art moderne,

---

[1] M. Eugène Sue pousse la délicatesse et la propreté jusqu'à faire savonner par ses domestiques les pièces d'or qu'il met dans sa bourse.

où la plume va puiser l'encre, qui s'épanche sur le vélin en doléances éternelles, pour retracer la misère du pauvre.

Il ne mentionne pas non plus la fourniture immense de fleurs naturelles, dont le vestibule et les galeries de ce magnifique séjour sont émaillés.

Chargée davantage au total que la note du parfumeur, celle du fleuriste monte à huit cents francs par mois, toujours économisés sur le chapitre de l'aumône.

Hélas! Mimi Véron, qui payait tout ce luxe, fut singulièrement récompensé de ses largesses!

Après le *Juif errant*, Eugène Sue lui apporte les *Sept Péchés capitaux*. Notre pauvre docteur, feuilletant un jour le

7

manuscrit de là *Gourmandise*, tressaille, se frotte les yeux, continue de lire, et se sent pris de vertige.

Il acquiert la preuve d'une épouvantable perfidie.

Son romancier de prédilection s'est amusé à le peindre de pied en cap, et, sans le hasard, qui lui a mis devant les yeux ces pages traîtresses, Véron allait être servi à ses propres abonnés sous la forme d'un gros péché capital.

Jugez comme il proteste!

Eugène déclare qu'il ne changera pas une ligne au manuscrit. Il argue du traité, son droit est formel; mais nonobstant toutes les clauses, Véron s'obstine à ne pas vouloir se laisser insérer tout vif.

On parle de procès.

Véritablement, il eût été curieux d'entendre ce bon docteur soutenir au tribunal que le portrait du gourmand lui ressemblait trop pour qu'il l'imprimât.

Une petite feuille pleine de malice, la *Silhouette*, prétendit que le traité entre le *Constitutionnel* et Eugène Sue permettait à celui-ci de diviser en deux son nouvel ouvrage, et d'en offrir une partie à la *Presse*. On eût ainsi donné à M. de Girardin l'*Orgueil*, la *Colère*, le *Mensonge* et l'*Envie*, et Véron eût conservé la *Gourmandise*, la *Paresse* et la *Luxure*.

Mais cela n'arrangeait rien.

Des tiers officieux et plus habiles amenèrent une résiliation du traité. Véron fut imprimé dans le *Siècle*, et, depuis, ce

journal partage avec la *Presse* le privi-
lège de la publication des œuvres d'Eugène Sue[1].

Il est temps de quitter le domaine des
faits et d'en venir à une courte apprécia-
tion littéraire.

Notre siècle a donné naissance à une
foule de littérateurs, exclusivement *mé-*
caniciens et *charpentiers*, si nous pou-
vons nous exprimer de la sorte.

[1] Outre *les Sept Péchés capitaux*, ces œuvres sont :
les Enfants de l'amour, — *l'Institutrice,* — *la Bonne*
Aventure,—*Jean Bart et Louis XIV* (drames maritimes)
—*Fernand Duplessis,* — *l'Amiral Levacher,*— *la Mar-*
quise d'Alfi, — *Gilbert et Gilberte,*—*le Diable méde-*
cin (en cours de publication), — et *les Mystères du*
Peuple, livre fatal, que les masses dévorent, et qui a
déjà rapporté plus d'un million, tant à l'auteur qu'à
Maurice Lachâtre, son éditeur. N'oublions pas *le Ber-*
ger de Kravan, où Entretiens démocratiques et so-
ciaux, ouvrage publié en 1848.

Eugène Sue est à la tête de cette phalange:

Il a de l'invention, des rouages. Ses drames sont mouvementés, saisissants; il manie l'horrible avec beaucoup de vigueur, mais il manque absolument de style. C'est un Paul Féval porté à la trentième puissance, avec moins d'esprit encore et moins de sensibilité véritable.

La punition de tous ces écrivains au mètre, qui négligent la forme pour entraîner avec eux le lecteur au travers d'événements multiples, sera de voir leurs livres oubliés dans vingt-cinq ans.

Ils stimulent à force de poivre les palais blasés; on dévore avec un certain plaisir leurs épices littéraires, mais l'indigestion arrive et tout est dit.

Nous avons entendu Balzac expliquer à sa manière le succès d'Eugène Sue.

« — Tous ses caractères sont faux, disait-il. Fleur de Marie, Jacques Ferrand, Rodin, Mathilde, Arthur et cent autres, n'ont jamais été dans la nature. Mais, ces caractères faux admis, Eugène Sue les poursuivra, s'il le faut, pendant quinze ou vingt volumes, avec une logique incroyable. C'est absolument comme au théâtre. Une situation impossible passe, il en résulte un succès. Or, ceci rentre dans la catégorie des surprises, et l'art n'a rien à y réclamer. Tout ce qui n'est point établi sur la grande science du cœur humain, tout ce qui roule sur le galvanisme, tout ce qui fa-

vorise les intérêts grossiers et les passions d'un jour ne dure pas. »

Eugène Sue possédait, aux environs
d'Orléans, une habitation de plaisance,
appelée le château des Bordes [1].

Pendant que les malheureux villageois,
ses voisins, pleuraient de misère en 1848,
il écrivait là fort paisiblement ses œuvres, au milieu de tous les raffinements
du luxe et de la mollesse.

Il avait transporté aux Bordes ses domestiques mâles et femelles.

Ce mahométan occidental ce pacha
socialiste, entouré de ses femmes de
chambre grecques, pouvait les prendre

---

[1] Il a vendu, en décembre 1852, cette propriété à
son beau-frère Caillard, ainsi que le riche mobilier
de la rue de la Pépinière.

pour autant de houris voluptueuses, et,
quand les pauvres d'alentour lui deman-
daient du pain [1], cet ami des classes
souffrantes commandait à Froment Meurice deux magnifiques seaux à glace,
d'un prix énorme, autour desquels cou-
rait une frise d'un merveilleux travail.

Porté, peu de temps après, à la dépu-

---

[1] On affirme qu'à cette époque, il fit attendre plus
de quinze mois le règlement de leur mémoire à de
malheureux ouvriers menuisiers, serruriers et autres,
qui avaient exécuté des travaux aux Bordes. Si Eugène Sue ne donnait pas de pain aux pauvres, en re-
anche il leur faisait distribuer gratis *le Républicain
des Campagnes*; trouvant sans doute plus urgent d'é-
clairer le peuple sur ses droits que de le nourrir. Toutefois, on assure que, depuis trois ans, il a changé de
système, et qu'il se montre généreux pour les frères
et amis. Nous voulons croire qu'il n'y a là-dessous
ni peur ni contrainte.

...ation, il déclara dans un club que personne n'avait droit au superflu, si quelqu'un manquait du nécessaire.

O comédie, dont nous avons pu voir toutes les scènes et juger tous les acteurs!..

Eugène Sue ne voulait pas accepter d'abord le mandat de représentant; mais on sut l'y contraindre. Homme faible, il appartient à celui qui le saisit de vive force ou qui le subjugue par la menace; homme fastueux et dévoré de besoins immenses, il se livre au parti qui lui apporte des millions, car, autant que la peur, l'intérêt le cloue au pilori socialiste.

Depuis longtemps les bourgeois ne lisent plus ses livres. Le peuple seul le dévore et les paye.

A l'époque de son élection, ses adversaires politiques eurent soin d'afficher sur les murs de Paris certains passages de sa fameuse préface de *la Vigie de Koatven*. Tout à l'heure nous allons reproduire nous-même quelques-unes de ces lignes curieuses.

D'autres ennemis du candidat crièrent très-haut que l'auteur des *Mystères* et du *Juif errant* prêchait la bienfaisance, parce que cette thèse le faisait royalement vivre.

On lui demanda combien il avait donné aux nécessiteux depuis Février.

Sur-le-champ, sans retard, Eugène Sue répond en étalant un certificat du maire de sa commune, pièce triomphante, de laquelle il résulte que, pendant les deux premiers mois de la république, il a soulagé l'indigence de ses frères des Bordes, en donnant pour eux à l'autorité municipale une somme de *cent vingt francs.*

Répartie entre *deux cents* familles, pendant *deux* mois, cette somme représente, pour elles toutes, *deux* francs par jour, c'est-à-dire *un* centime juste par famille.

« Malheur à ceux-là, bien fous ou bien méchants, qui, avec quelques mots vides ou retentissants, le *progrès*, les *lumières* et la *régénération*, ont jeté en France, en Europe, les germes d'une épouvantable anarchie... — Ceux qui méritent à tout jamais le mépris et l'exécration de la France, ce sont ces habiles qui, pour parvenir au pouvoir et se le partager, ont dit un jour au peuple : Tu es souverain !... Anathème et honte sur ces courtisans de popularité, qui, du milieu d'une oisiveté voluptueuse, spéculent sur les misères du pauvre, et l'excitent à la haine et à la vengeance ! »

Nous empruntons ces paroles à l'écrivain même dont nous venons de retracer la vie.

Elles sont terribles.

Ce n'est pas notre faute, si elles retombent aujourd'hui sur sa tête, avec la pesanteur d'une malédiction.

FIN.

Je suis enchanté, mon cher
Bernyer, des bonnes nouvelles que
vous me donnez à l'endroit du diable
médecin, vous savez combien je doute
toujours de moi-même, aussi je ne savais
trop si le public serait ou non
content, bien que quelques amis
m'aient fait la même fête; mais le public
m'est à un autre point de vue que
l'amitié.

adieu mon
cher ami, croyez à l'expression
de mon bien vive et sincère affection

Eugène Dx

2 février 1855

PETITES
CAUSES CÉLÈBRES
DU JOUR
PAR FRÉDÉRIC THOMAS

Prix : 50 centimes le volume.

Il paraît un vol, par mois. — Douze vol, par an.

Les souscripteurs à douze volumes les recevront FRANCO à domicile, au fur et à mesure de leur publication, en payant d'avance. — *Neuf volumes sont en vente.*

PARIS, 6 FR. — DÉPARTEMENTS, 8 FR.

VOLUMES A 50 CENTIMES
AVEC GRAVURE.

LE PALAIS-ROYAL, par Louis Lurine.

LE CARNAVAL, par Benjamin Gastineau.

LE MONT-DE-PIETE, par Eugène de Mirecourt.

LES TUILERIES, par Julien Lemer.

L'OPERA, par Roger de Beauvoir.

LES HALLES, par A. de Bargemont.

LE JARDIN DES PLANTES, par Charles Deslys.

LE PÈRE-LACHAISE, par Benjamin Gastineau.

LE PANTHEON, par Émile de Labedollière.

LE LUXEMBOURG, par Maurice Alhoy.

PARIS LA NUIT, par Eugène de Mirecourt (*sous presse*).

LES BINETTES
CONTEMPORAINES

PAR

JOSEPH CITROUILLARD

REVUES PAR COMMERSON

Soixante portraits par NADAR.

Dix volumes à 50 centimes.

Le même ouvrage est publié en deux volumes
à 2 fr. 50 c.

LES
BALS PUBLICS

A PARIS

ÉTUDE PARISIENNE

PAR VICTOR ROZIER

Un fort volume in-32. — Prix : 1 fr.

MÉMOIRES

DE

NINON DE LENCLOS

PAR

EUGÈNE DE MIRECOURT

Auteur des *Confessions de Marion Delorme*

Précédées d'un

COUP D'ŒIL SUR LE RÈGNE DE LOUIS XIV

PAR MÉRY

Cette nouvelle édition, que nous publions
en 240 livraisons, à 5 centimes, formera 2 magnifiques volumes grand in-8 de 480 pages
chacun, imprimés sur papier jésus; 36 GRA-
VURES sur bois et sur acier illustreront cet
ouvrage.

PRIX DE L'OUVRAGE COMPLET :

2 volumes grand in-8 jésus, illustrés par
J.-A. BÉAUCÉ, 12 francs.

On souscrit à Paris

CHEZ GUSTAVE HAVARD, LIBRAIRE-ÉDITEUR
19, boulevard de Sébastopol (rive gauche)
et rue de la Harpe.

ÉDITION DE LUXE
—
uscription à 5 centimes la Livraiso
—
CONFESSIONS

DE

MARION DELORME

PAR
EUGÈNE DE MIRECOURT
Auteur des *Mémoires de Ninon de Lenclos*

Précédées d'un

COUP·D'ŒIL SUR LE RÈGNE DE LOUIS XIII

PAR MÉRY

Cette cinquième édition, que nous publions en 240 livraisons à 5 centimes, formera 2 magnifiques volumes grand in-8 de 480 pages chacun, imprimés sur papier jésus; 36 GRAVURES sur bois et sur acier illustreront cet ouvrage.

PRIX DE L'OUVRAGE COMPLET :

2 volumes grand in-8 jésus, illustrés par J.-A. BEAUCÉ, 12 francs.

On souscrit à Paris.

CHEZ GUSTAVE HAVARD, LIBRAIRE-ÉDITEUR
19, boulevard de Sébastopol (rive gauche) et rue de la Harpe.